QUESTION

PROPOSÉE PAR

L'ACADÉMIE DES SCIENCES MORALES ET POLITIQUES.

Les Nations avancent plus en Connaissances, en Lumières qu'en Morale pratique. Rechercher la cause de cette différence dans leurs progrès, et indiquer le remède?

DÉPOSÉ AU SECRÉTARIAT DE L'ACADÉMIE
LE 27 DÉCEMBRE 1838.

Par A. T. Dezamy.

Paris,
IMPRIMERIE DE L.-E. HERHAN ET BIMONT,
RUE DU CAIRE, 32.

1839.

AVANT-PROPOS.

J'avais dessein de refondre entièrement ce discours et d'en faire un petit volume, en y ajoutant quelques idées, tant sur la prétendue *liberté d'industrie* et la *libre concurrence*, d'où découlent forcément le *monopole* et l'*antagonisme*, dont nous ressentons encore si cruellement les funestes effets, que sur l'association pratique, *capital, travail, talent.*

Mais, toute réflexion faite, ce discours ayant été déposé, je crois à propos de l'altérer le moins possible. Ainsi je me bornerai à faire quelques légers changemens. Je me propose d'ailleurs, si cet écrit est favorablement accueilli du public, de traiter largement dans une prochaine brochure les questions dont je viens de parler, questions vitales qui ont déjà occupé longuement mes veilles, et dont je crois pouvoir annoncer la solution.

DÉTERMINER

POURQUOI

Les Nations avancent plus en Connaissances,

EN LUMIÈRES

QU'EN MORALE PRATIQUE,

ET INDIQUER LE REMÈDE.

« Otez à l'homme la crainte du lendemain et vous aurez beaucoup fait pour l'humanité ! »
(RASPAIL.)

« Tournez la soif de la gloire à servir les hommes, et non à les dominer. »
(CONDORCET.)

Lorsqu'on envisage attentivement et sans prévention la situation des esprits à notre époque, on est vivement frappé de la divergence des idées si multipliées et si confuses qui se manifestent et se croisent de toute part.

Et ce n'est pas sans effroi qu'on envisage ce désordre moral, cette anarchie intellectuelle, qui nous fait pressentir, et malgré nous, une crise terrible et prochaine.

Les Sociétés savantes, une foule d'écrivains distingués, qui ne devraient être animés que de l'amour du bien public, et consacrer leurs travaux à la recherche de la vérité, les uns adonnés à des œuvres futiles, ou préocupés d'une philosophie subtile et abstraite, les autres livrés à une polémique ardente et acrimonieuse, épuisent leurs forces à côté du but, et les sciences vraiment utiles, la morale et la politique languissent encore dans l'obscurité.

Malgré les apparences, elles ont fait cependant dans ces derniers temps des progrès rapides, grâce à l'énergie de quelques hommes laborieux, qui, impulsés par la vertu et le génie ont eu le rare courage de se sacrifier à de sublimes convictions.

C'est dans ces circonstances que l'Académie propose de déterminer pourquoi les nations avancent plus en connaissances, en lumières qu'en morale pratique.

Cette question qui serait digne de la plume d'un Jean-Jacques, ou d'un Fénélon, fait l'éloge de ceux qui l'ont proposée, et il est téméraire peut-être à un jeune homme qui jamais encore n'a éprouvé ses forces, d'oser l'aborder; mais je m'autorise de cette parole de Pascal : « Si vous avez une parole à émettre, écrivez-là ; fut-elle mauvaise, on en tirera toujours quelque chose. J'entre donc en matière.

D'abord, il est essentiel de fixer nos idées sur l'origine des premières sociétés, et de connaître la nature de l'homme. La solution de cette question me mettra pleinement dans mon sujet.

L'homme est né pour être heureux! pas un de ses désirs, pas une de ses pensées, pas une de ses actions qui ne tende à ce but; la nature, mère éclairée l'a doué de tous les organes nécessaires pour y arriver.

Dans le développement simultané et harmonique de ces facultés consiste le bonheur : car l'équilibre, c'est la loi suprême qui régit notre être comme elle régit les globes.

Nous diviserons les facultés humaines en trois ordres : ordre physique, ordre moral, ordre intellectuel. Nous prouverons plus tard qu'il y a identité entre les facultés morales et intellectuelles, que celles-là tirent leur origine de celles-ci, qu'elles en découlent fatalement. Nous signalerons encore entre les unes et les autres un état constant d'action et de réaction.

Chez l'homme naturel les organes des deux derniers ordres n'étaient pour ainsi dire qu'en germe, les instincts seuls ont dû être développés dès le commencement. Cela lui suffisait pour satisfaire ses besoins, qui furent d'abord très bornés; il ne souffrait point; mais, dépourvu du sentiment moral, il ne pouvait être vraiment heureux.

Je franchis une longue suite de siècles, et j'arrive au jour, où le sentiment de l'amour physique, joint à une foule de circonstances que le cadre de mon sujet ne me permet pas d'énumérer, rassembla les hommes sous un même toit; il durent avoir d'abord beaucoup de loisirs; on s'assembla souvent; le contact des individus et des sexes différens apporta de nombreuses modifications dans la manière de vivre; les arts prirent naissance, on compara, on eut des idées de préférence, de talent, de mérite, de mépris, d'honneur; l'opinion publique eut un prix, et chacun désira de l'obtenir. L'amour-propre, cette fibre qui fait battre si violemment le cœur humain, se développa, en même temps que l'envie et la haine, et la discorde ensanglanta la terre. L'habitude resserra bientôt des liens qui d'abord ne furent que passagers; on sentit le charme et les avantages de ces premières réunions; on était heureux de se voir; on s'accoutuma à s'identifier les uns aux autres, et la famille fut formée.

Tel fut l'origine du patriarchat, gouvernement fondé sur la nature, sur les affections, sur les besoins. Dans cet état les hommes durent jouir d'une très grande somme de bonheur; ce fut l'âge d'or des poètes!

Ainsi, nous voyons la morale et les connaissances naître presque simultanément; pourquoi ces sentimens ne continuèrent-ils pas à marcher ensemble? Voilà ce que me demande l'académie, et ce que je me propose d'examiner.

PREMIÈRE PARTIE.

La nature a implanté au cœur de tous les hommes un sentiment dans lequel se confondent et se résument tous les autres : L'AMOUR DE SOI ! A côté, il en est un second, qui loin de lui être opposé, comme quelques uns ont osé le prétendre, ne fait au contraire que le sanctionner et le compléter ; c'est la pitié ! sentiment salutaire et indélébile, que le christianisme a ennobli, sous le nom de charité.

Si ces deux sentimens ne s'étaient jamais trouvés en opposition, et que les hommes eussent compris leurs véritables intérêts ; s'ils eussent bien senti que le succès de chacun tournait à l'avantage de tous, et que l'intérêt collectif est aussi l'intérêt individuel ; s'ils se fussent bien pénétrés de cette sage maxime, que celui qui prime aujourd'hui sur tel point, peut demain se trouver le dernier sur tel autre, *et vice versâ ;* oh ! alors, l'orgueil et l'envie n'eussent point si longtemps tourmenté le monde, les esprits et les cœurs se fussent confondus ; aimer et être aimé eut été le bonheur suprême ; et plus les arts et les sciences eussent fait des progrès ; plus ces sentimens se fussent fortifiés.

Mais l'homme sauvage n'était point susceptible de porter si loin ses vues, l'actualité le dominait ; eh ! comment en aurait-il pu être autrement, puisque de nos jours même, les peuples les plus policés ne comprennent point véritablement encore, cette sainte, cette sublime fiction, qu'on nomme la loi !

Or donc, aussitôt que l'amour-propre se fut emparé de l'âme, ce nouveau sentiment domina tous les autres ; on ne rêva plus qu'au moyen de briller, et les arts et les sciences firent, pour cette raison, des progrès rapides.

De nouveaux besoins se firent bientôt sentir. On cultiva la terre; on l'entoura de barrières, et la propriété naquit. Ce fut sans doute une très grande joie pour le premier qui put se dire : CECI EST A MOI; moi seul je disposerai de ses fruits; mais que de maux, ignorés jusque là, devaient sortir de cette fatale boîte de Pandore!

Cependant l'homme s'était créé des besoins, qui chaque jour se multipliaient et devenaient plus impérieux. On commença à connaître l'indigence; le sentiment de la propriété se concentra; celui de la prévoyance se développa; on ne donnait plus; on se réservait pour des besoins ultérieurs.

Bientôt, appliquant à tous les objets ses idées de comparaison, on en fixa la valeur, et le commerce, fécond en vices, prit naissance.

La cupidité ne pouvait tarder à suivre; sans se mettre en peine si son frère en souffrirait, chacun convoita tout ce qui put flatter ses désirs. Cette sainte pitié, le plus beau don de la nature, s'effaça peu à peu de tous les cœurs; on se forma à cet égard une espèce de philosophie, et on commença à trouver ridicule de s'intéresser aux douleurs qu'on ne sentait point; partout trôna l'égoïsme, le fort dépouillait le faible, le plus rusé trompait le moins prévoyant; ce ne fut que guerres, meurtres, carnage, car il fallait s'enrichir à quelque prix que ce fut. La spoliation et le brigandage eurent des approbateurs; on tira vanité des plus monstrueux forfaits; et l'on couronna cette œuvre infernale, en faisant intervenir la divinité. Si parfois, le cri de la conscience se faisait entendre, on prenait soin de l'étouffer dans le tourbillon des passions.

Cependant des relations s'étaient établies au loin entre les familles; de là nouveau conflit d'intérêts divers, tous sentaient le besoin de sortir d'une pareille situation; les familles voisines se réunirent contre les agresseurs étrangers; les droits et les propriétés de chacun furent réglés et garantis par tous, on se résigna à souffrir le joug de la loi; la cité fut formée, et le gouvernement s'établit.

Dans cette nouvelle situation on vit plus de calme et moins de crimes entre les diverses confédérations, et cet état aurait pu devenir extrêmement avantageux, si poussant plus loin le principe d'association, on l'eut étendu de cité à cité, de peuple à peuple, etc. Mais il n'en fut point ainsi : la justice n'est pour rien dans ces nouveaux nœuds, on croit qu'on pourra plus facilement accomplir ses projets de rapines; et dès lors, on ne songea qu'à attaquer et exploiter ses voisins.

Hé quoi! insensés! vous ne prévoyez donc pas que ces associations partielles venant à se généraliser, les chances se trouveront compensées, et que tous, en dernière analyse, vous serez triplement punis de votre inhumanité :

1° En ce que le ravage des propriétés et le meurtre

des personnes, est une perte irréparable et commune à tous;

2° Parce que l'abondance et le superflu du lendemain ne peut jamais compenser la disette et la souffrance de la veille;

3° Par le remords d'une cruauté inutile, souvent même pernicieuse.

La guerre des peuples succéda à celle des individus, le patriotisme à l'égoïsme; et le principe de pitié naturelle, achevant de perdre, en s'étendant, le peu qui lui restait de forces, ce nouvel état devint pire que le premier; les peuples se précipitèrent les uns sur les autres, on s'égorgeait avec fureur; le sang enflammait la soif du sang. L'art de tuer devint une vertu! nous sommes en pleine barbarie!

Tant d'excès amenèrent enfin un épuisement général. Il fallait du repit; alors intervint le droit des gens, mauvais palliatif, droit obscur, mal conçu, mal digéré, et qui laissa toujours des prétextes à quiconque fut assez fort pour l'enfreindre. Quoiqu'il en soit, ce fut le premier pas vers la civilisation.

Mais, ce qui mit le comble au mal, c'est que les discordes individuelles, que des vues intéressées avaient un moment assoupies, ne tardèrent pas à se ranimer. L'organisation de la cité subit de graves modifications; le droit de propriété entraîna le droit de vente; les héritages devinrent le partage du petit nombre; il y eut des travailleurs et des oisifs, des riches et des pauvres; les premiers formèrent des brigues, et le gouvernement passa exclusivement dans leurs mains ; l'aristocratie se constitua. On profita des besoins du pauvre pour s'en faire obéir, et bientôt il n'y eut plus dans l'état que des tyrans et des esclaves ; l'ambition et la corruption soudèrent la chaîne de la servitude, et en établirent la hiérarchie. La loi ne fut plus qu'un mot vide de sens : l'état était dissous !... (1)

Par ce qui précède, nous commençons déjà à voir la cause de cette différence que nous cherchons, entre la morale et les lumières. La cupidité, l'amour-propre, la curiosité, mère de la vie, et surtout le sentiment d'une nécessité impérieuse : toutes les passions entraînaient invinciblement les hommes vers les lumières, en les détournant proportionnellement de la morale-pratique.

C'est pourquoi, pensant que la cause du désordre qui torturait et dépravait ainsi les malheureux humains, c'était l'extrême inégalité des richesses, et l'abus des arts et des sciences, quelques législateurs, le grand Licurgue surtout, entreprirent de remédier au mal. Lycurgue vit juste à beaucoup d'égards ; ce sage législateur basa ses lois sur des faits, et sur la profonde connaissance du cœur de l'homme ; il imposa à son peuple un joug de fer ; réprima les passions, réforma les mœurs, fit naître cette modération, vertu suprême, la plus solide opulence des nations. Il établit l'égalité partout ; voulut que les

(1) Nous savons quels moyens ingénieux et perfides employèrent quelques habiles politiques pour lui donner jusqu'à nos jours une existence factice.

citoyens prissent leurs repas en commun; et pour cimenter son œuvre, il inculqua dans tous les cœurs ce violent amour de la patrie, qui absorba bientôt toutes les autres passions. Dans leurs plaisirs, dans leurs jeux, dans leurs cérémonies religieuses, dans leurs festins, dans leurs amours : il leur montrait partout la patrie! c'était l'unique objet de l'éducation. Convaincu que la *bure* battra toujours à la longue l'*écarlate*, il lança contre le luxe un édit de proscription, qu'il étendit aux arts et aux sciences, et outra le principe, jusqu'à chasser de la république les savans et les artistes; enfin, il porta au plus haut degré cette vertu guerrière, qui est toujours un défaut, lorsqu'elle n'est pas contrebalancé par la vertu morale.

Son état fut un composé bizarre d'abnégation et d'égoïsme; de liberté et de tyrannie; d'équité et de mauvaise foi; on ne voulait point d'inférieur parmi les citoyens, mais on avait des ilotes; on était juste dans la cité, mais peu scrupuleux et souvent barbares envers ses voisins. Cependant cette constitution passa très longtemps pour parfaite, et je le conçois. L'ilotisme était un moyen hideux de tenir les vaincus sous le joug, moyen que la morale réprouve énergiquement, mais sur lequel reposait la force et la liberté de l'état, et que les circonstances semblaient justifier à certains égards.

Il est à regretter qu'un si grand homme ait cru devoir emprisonner l'égalité dans le cercle étroit d'une nationalité égoïste. Ne voyant aucune voie au bonheur commun; croyant faire de nécessité vertu, il immola les uns au salut des autres. C'était étrangement, je l'avoue, mutiler la justice et en briser le ressort divin, en la rangeant dans le domaine de la politique; mais est-ce bien aux modernes à lui faire la leçon? Il en est qui n'ont point d'esclaves, à la vérité, mais on voit parmi eux une foule de catégories, et ils paient de la liberté de tous l'affranchissement dérisoire de quelques uns. Ne vaudrait-il pas mieux, plutôt, tenir compte au législateur de Lacédémone des impossibilités, provenant du milieu social : car il est à croire que s'il vivait de nos jours, on n'aurait point dans la suite, à faire à sa mémoire ce reproche sanglant.

Je passe à la seconde objection. Il proscrivit les sciences et les arts; mais le mal était flagrant, car le cachet de son époque c'était une barbarie raffinée, une corruption luxueuse et calculée. D'ailleurs, ce n'était point la véritable science, toujours bienfaisante, et sœur chérie de la morale qu'il avait en vue; ce n'était point les vrais savans; mais les sciences incertaines et tracassières; ces hommes à jargon scientifique, qui soulevèrent depuis à Athènes de si furieuses tempêtes. Cette république suivi une route toute opposée; ce qui à Sparte était comprimé, fut encouragé chez les athéniens; les beaux arts proscrits par Lycurgue avec tant de soin à Lacédémone, prirent leur essor à Athènes, et y brillèrent de tout leur éclat sous les auspices et le gouvernement de Périclès; ils finirent par tout dominer, et le luxe fut porté à son comble; cet inconvénient était pire que l'autre.

Ainsi nous voyons les constitutions de ces deux villes célèbres viciées par deux excès contraires; et il en sera toujours ainsi, toutes les fois qu'une partie des passions humaines seulement sera mise en jeu : car l'équilibre étant rompu, il est évident qu'il doit y avoir désordre. Pour plus de précision, ce n'est point le très-grand développement des passions que je blâme; au contraire, mais la préférence donnée aux unes à l'exclusion des autres, et pour donner un exemple : il y avait dans les institutions des deux villes que je viens de citer, tous les élémens d'une constitution très excellente; il ne fallait que les réunir et les bien équilibrer pour cela. Tels ces corps chimiques qui pris isolément sont des poisons mortels, et qui bien combinés deviennent des remèdes très salutaires.

De tout cela, il résulte donc, que c'est pour avoir ignoré la loi de l'harmonie des facultés humaines que presque tous les législateurs tronquèrent et gangrenèrent leurs œuvres; qu'ils tombèrent ainsi de Charybde en Scylla.

Numa fut celui qui s'en écarta le moins; cet habile législateur, qui par la sagesse de ses institutions jeta les fondemens de la grandeur romaine, bannit de son code le mot Esclavage. Pourquoi ses successeurs dévièrent-ils de ce principe sacré ? dominé par l'idée religieuse, et pensant qu'aucunes institutions humaines ne pouvaient être réputées parfaites et demeurer inviolables, il sanctionna les siennes, et crut en mieux assurer la durée en les plaçant sous la protection de la divinité! Mais c'était altérer le principe sacré du vrai; eut-il raison? le lecteur décidera.

Pour être complet, je ferai remarquer en passant, que partout où une réaction rapprocha les peuples de la morale, l'époque de cette réaction fut aussi celle de la décadence des sciences et des arts, *et vice versâ*. Les Regulus, les Curius-Dentatus, les Mummius, les Decius, les Cincinnatus étaient des ignorans en fait de beaux-arts; les Alcibiade, les Périclès, les Sylla, les Antoine, les Catilina, les Néron étaient tous des artistes et des orateurs par excellence! qu'on se garde toutefois de poser sur ce rapprochement un principe absolu (1).

Je ne ferai point ici l'histoire des nations dites civilisées; je ne mettrai point sous vos yeux le tableau de cette anarchie affreuse qui dévora l'empire des Grecs et celui des Romains; je passerai sous silence les horreurs des guerres civiles de Marius et de Sylla; et le peuple-roi mourant de faim; les deux triumvirats; les atrocités des empereurs et des prétoriens; et les saturnales, et le ridicule des docteurs de Constantinople, ergotant en face des drapeaux de Mahomet!...

(1) Je trouve le secret du paradoxe de l'auteur de l'Emile dans cette belle et profonde pensée de l'orateur romain : NECESSE EST PHILOSOPHARI, SED NON PAUCIS!

Je ne vous peindrai point ce craquement terrible, ce cataclysme épouvantable qui engloutit l'empire romain et la civilisation occidentale, ni ces temps d'odieuse mémoire, où les gouvernans faisaient leur unique étude de dépraver et corrompre la religion, pour dépraver et corrompre la morale.

Je voilerai aussi les ténébreuses horreurs du Moyen-Age; et Charles-le-Grand, que l'église a canonisé, égorgeant, pour convertir les Saxons, 14,000 des leurs; un despote et un pontife se partageant le monde, et pour ainsi dire, la divinité, et passant au cou des peuples le nœud fatal; et la tyrannie féodale étreignant toute l'Europe de ses bras hideux et sanglans; et le vandalisme religieux succédant au vandalisme politique; les croisades d'outre-mer; et Simon de Montfort et les Albigeois; et la Sainte Inquisition! scélératesse inouïe, en comparaison de laquelle les sacrifices de *Teutatès* et du *Soleil* ne sont que de faibles délits; et au milieu de toutes ces horreurs, un esprit de vertige et de folie s'emparant de tous les cœurs, au point de poétiser sous les noms d'honneur, d'héroïsme et de religion, le fanatisme, le meurtre et le brigandage!

Oui, Messieurs, je vous tairai tant d'horreurs, car ma main se refuserait à dérouler cet infernal panorama!

Il y eut des philosophes, qui, dans l'impuissance de trouver une issue aux maux de leurs contemporains, essayèrent du moins de leur donner la force de les supporter : Zénon nia la douleur, et méprisa les richesses ; mais il ajoutait à sa doctrine une restriction sublime : c'était de pratiquer la vertu, dont la perte seule est un mal! Il eut de nombreux disciples, et on sait à quel degré d'énergie s'éleva le portique. Caton, Brutus, Porcia, Aria, Antonin, Trajan, Marc-Aurèle, etc., en font assez l'éloge.

Epicure fut la contre-partie de Zénon. Jouissances, fortune, volupté : telle fut sa devise; la tempérance elle-même n'était qu'un rafinement de plaisirs; doctrine égoïste, exclusive et tyrannique, a-t-on dit, (et ses prétendus imitateurs ne justifièrent que trop cette opinion); pourtant Epicure n'avait aucun de ces vices.

Partant de tout ceci, je tirerai encore une conclusion en faveur du principe que j'ai posé plus haut; quel était le but où tous convergeaient? Le bonheur! Quel était le mobile de toutes les actions? l'amour de soi! Les Curtius et les Scevola n'en eurent point d'autre; ils ne le pouvaient. Cette passion-mère, en elle-même n'est point un mal, puisqu'elle est gravée dans le cœur de tous les hommes, et que bien ou mal dirigée, elle enfante les crimes les plus monstrueux, ou porte aux vertus les plus sublimes; c'est donc folie que de vouloir anéantir les passions; *le cœur humain est inconversible!* J'insiste sur ces mots.

Mais de tous les législateurs, aucun ne prêcha une doctrine plus sainte que Jésus; il ne nia pas la douleur, lui, mais il en indemnisait largement : le ciel faisait oublier le martyre. Le but, c'était le dévouement de chacun à tous et de tous à chacun, c'était la fraternité universelle ! « Aimez votre prochain comme « vous-même ; un seul bercail, un seul troupeau ; « qu'un chrétien ne possède rien qui ne soit à son « frère » : voilà son code. Par quel esprit de vertige ou d'infernale malice a-t-on donc osé prétendre qu'une pareille religion était servile et anti-sociale ?

Anti-sociale ? mais elle prêche la communion universelle ; servile ? mais l'amour du prochain défend de souffrir l'oppression d'un frère ; et si le législateur lui-même ordonna à Pierre de remettre l'épée dans le fourreau, cet acte de sacrifice tout personnel, était impérieusement commandé par les circonstances et l'intérêt de sa doctrine ; rien ne pouvait mieux prouver la sainteté de sa mission : aussi est-ce pour cela, et pour cela seulement, que nous la proclamons divine ! (1) A côté du sacrifice était le *compellare intrare*, pour prévenir les abus et l'exploitation ; comme glaive et bouclier de la loi !

Mais que dire du martyre de Golgotha ? A-t-on jamais eu d'exemple d'un pareil trait d'abnégation et de dévouement ?... Socrate boit la cigüe et meurt serein ; mais d'une mort douce ; dans les bras de ses

(1) Les premiers chrétiens ne croyaient pas que Jésus fut le fils unique de Dieu, descendu sur la terre, de la même manière que les préjugés et l'exploitation l'établirent plus tard ; mais ils honoraient Christ comme le plus grand des mortels, et c'est pour cela qu'ils l'appelaient le fils bien aimé du créateur, comme les Grecs appelaient le disciple de Socrate, le DIVIN PLATON ; ce n'était au fond qu'une fleur de rhétorique ; l'histoire prouve qu'on a étrangement abusé de cette figure, en sacrifiant la vérité au sens littéral.

amis, et consolé par la douleur publique. Jésus, au contraire, délaissé de tous, meurt d'un supplice infâme! Il épuise, sans se plaindre, toutes les horreurs d'une lente agonie!... Un pareil sacrifice n'appartient qu'à un Dieu!

Aussi n'est-il pas étonnant que de telles actions produisissent des miracles. On courait avec joie au martyre, à l'exemple du maître; il n'était au cœur des premiers chrétiens que charité et que dévouement. Hélas! les temps sont bien changés!

Que les détracteurs du christianisme lisent les commentaires des apôtres sur la parole du maître, parabolique et obscure quelquefois, à la vérité, parce qu'il parlait sous l'empire des lois de Tibère, et qu'il avait à redouter la censure de ses sicaires! Et qu'ils viennent encore nier la sociabilité du christianisme! Qu'ils écoutent saint Paul, le plus savant de tous, s'écriant dans une sainte indignation contre l'égoïsme des puissans du jour: « *omnis dives, aut iniquus, aut iniqui hæres!* Quiconque nage dans l'abondance à côté de son frère qui souffre : *hic est latro et trucidator!* Ceui-là est un voleur et un assassin! » Avec quelle énergie ne stigmatisait-il pas la paresse : « Celui qui ne veut pas travailler ne doit pas manger, s'écriait-il! » Quel généreux principe de la solidarité des intérêts sociaux dans ces paroles : « Qui n'aime pas son frère, ne s'aime pas soi-même! »

Cependant, cette religion divine qui aurait dû sauver le monde, devait bientôt avoir ses jours de décadence, et l'époque date du jour de son triomphe.

Née au milieu de la corruption la plus épouvantable, ayant contre elle les préjugés de plusieurs siècles, le privilège, la tyrannie, le polithéisme en honneur chez tous les peuples ; que d'obstacles d'abord ! et lorsque Constantin se déclara en sa faveur, quelle force morale pouvait lui donner la protection d'un tyran qui venait de se souiller du sang de ses proches eux-mêmes, et dont on ne devait la conversion qu'à l'égoïsme le plus étroit.

L'intérêt divisa bientôt les premiers chrétiens ; l'ambition commença aussi à germer parmi eux ; déjà les beaux jours du christianisme n'étaient plus ! Il essaya pourtant de se retremper au milieu des barbares qui inondèrent l'empire ; il y réussit. Des mœurs simples, des principes confus d'équité naturelle, qui étaient encore vivaces au cœur de ces peuples étrangers à la philosophie égoïste des civilisés, se prêtaient merveilleusement à une doctrine qui prêchait l'égalité partout ; qui ne connaissait de supériorité que celle de la vertu, d'infériorité que celle du vice. L'occident presque tout entier embrassa la loi de Jésus !

Mais, (étrange destinée des sociétés humaines !) cette même simplicité, si favorable d'abord, devait bientôt causer sa ruine : quelques ambitieux abusant de la crédulité publique pour fausser la loi, firent naître habilement les passions mauvaises, et plongèrent le peuple dans le cahos de la barbarie, et dans les ténèbres de la plus profonde ignorance. Les bourreaux et les détracteurs de Jésus en devinrent les ministres; ne pouvant tuer sa religion sainte, ils la masquèrent, en lui substituant un fantôme hideux! *Caïphe ceignit la tiare*. De là les aberrations étranges, et les crimes épouvantables que j'ai signalés. Quant au principe il est demeuré intact, car il est écrit : *Les puissances des ténèbres ne prévaudront point contre la lumière!* Nous le verrons souvent encore donner dans la suite des preuves palpables de sa vitalité, jusqu'au moment heureux où il doit triompher une dernière fois, pour toujours; et ce moment, je l'espère, n'est pas éloigné.

Telles furent les diverses phases qui précédèrent la civilisation moderne. La prise de Constantinople en 1453 en fut l'aurore pour l'Occident, en même temps que l'époque du retour de l'Orient vers la barbarie et la servitude. Cette double défaite de la civilisation grecque, à seize siècles de distance, sous les coups de deux peuples également étrangers aux sciences et aux beaux-arts, les Romains et les Turcs; les vaincus portant deux fois en Italie leur affreuse corruption et leurs impuissantes lumières, et deux fois semblant se venger de leur chûte, en révolutionnant le monde : voilà de quoi exercer la méditation du philosophe et du socialiste!

L'Italie vit renaître les beaux jours de la Grèce; les Appelle, les Phydias eurent de dignes successeurs : Raphaël, Michel-Ange, l'Arioste et le Tasse ranimèrent le feu sacré de la poésie et des beaux-arts; des idées de liberté germent dans toutes les têtes; on voit se former comme par enchantement une foule de petites républiques : Venise, Florence, Pise, Gênes, Milan, etc., se déclarent libres.

L'élan donné par l'Italie produit une commotion électrique ; partout les lettres sont cultivées ; Luther et Calvin proclament la réforme religieuse ; les découvertes de Guttemberg et de Colomb viennent fournir un nouvel aliment à l'activité dévorante de l'époque ; les peuples se laissent aller à des espérances de régénération et de bonheur, et se jettent dans les bras des novateurs.

Mais hélas ! ce n'était qu'une fausse lueur ! Combien de rêves poétiques qui furent loin de se réaliser ! Le malade ne fit que changer de place.

Au despotisme impérial et pontifical avait succédé le *fédéralisme* républicain : les Orsini, les Colonna, les Médicis, les Sforce, les Pazzi, les Salviatti, l'abominable famille des Borgia se disputèrent la prépondérance, et déchirèrent la malheureuse Italie. Ces derniers, César Borgia surtout, portèrent à son comble la dépravation et l'hypocrisie ; foulant aux pieds pudeur, morale, religion ; ils les firent servir à leurs desseins ; en un mot, ils érigèrent le crime en système !

En Allemagne, la lutte des Guelfes et des Gibelins était finie, mais celle de la réforme commençait ; en Angleterre, après les Yorck et les Lancastre, et la guerre des deux Roses, venait aussi la réforme, et les Stuart et les Tudor promettaient encore à la Grande-Bretagne de longs jours de malheur ! L'inquisition et Torquemada s'intronisait en Espagne, et la Saint Barthélemy, crime atroce, conçu et exécuté de sang-froid, sous les auspices d'une Médicis, par une cour lettrée et corrompue, allait épouvanter la France et le monde!! Le rapace espagnol au nom d'un Dieu de paix, égorgeait l'Amérique, et le sauvage Guatimozin donnait à ses bourreaux un exemple sublime, souffrant sans se plaindre des tourmens inouïs, et sur le brasier ardent, ne faisant entendre que cette parole mémorable : *et moi, suis-je sur des roses!...*

Un seul pays, une seule ville surtout, sut résister au torrent, et donnait au monde, au milieu de la corruption générale, le spectacle sublime d'un peuple d'égaux et de frères, vivant dans des conditions d'humanité et de justice! O Genêve! ville sainte, illustre patrie de Jean-Jacques Rousseau, tu fus là comme une protestation vivante contre les travers de cette civilisation impie; tu fus là comme un phare lumineux au milieu d'une mer dangereuse, pour relever le courage du navigateur fatigué; tu fus là pour dire au monde que tout espoir n'était pas perdu, et pour prouver aux siècles futurs que ce n'est que dans l'harmonie de tous les intérêts, qu'on peut trouver les mœurs, la vertu et le bonheur!

Ainsi, la barbarie n'avait fait que changer de forme, et c'est la politique horrible de ces temps affreux que Machiavel stigmatise si énergiquement, dans le livre du prince.

En vain la philosophie s'agitait; en vain parurent les Leibnitz, les Newton, les François Bacon. Ce père de la philosophie moderne, devenu chancelier, semblait prendre à tâche de démentir lui-même sa morale, poussant au plus haut degré son horrible ingratitude envers d'Essex son bienfaiteur, déshonorant la magistrature et la philosophie par une vénalité infâme et de honteuses déprédations. Et pourtant, il écrivait de bonne-foi; mais il était égoïste et philosophe; personification étrange de la politique du siècle! Enseignement mémorable, dont les législateurs et les historiens n'ont guère songé jusquà ce jour à faire leur profit, et celui des nations. J'insiste sur ce fait parce qu'aucun ne caractérise mieux le mal profond qui sape dans sa base notre société contrainte et incohérente; j'établirai plus tard, que vivant dans un autre milieu social; que si Bacon n'eut point été mis *en demeure* de se préférer aux autres; que si cette dissidence entre l'intérêt collectif et l'intérêt individuel n'eut point existé, ce grand philosophe fut demeuré irréprochable, et qu'au lieu de déprimer la vraie philosophie, sa conduite, au contraire, en fut la sanction la plus frappante.

En vain aussi l'école encyclopédique et les savans du XVIIIe siècle prétendirent mieux faire; la même cause de désordre devait toujours produire les mêmes résultats. Ces philosophes eux-mêmes étaient divisés entre eux, et l'incohérence de leurs doctrines avait pour pendant le contraste déplorable de leurs actions. Voltaire, souvent radical dans ses livres, encensait tour à tour Frédéric de Prusse et Catherine II, dont les mains dégoutaient encore du sang de cette glorieuse et malheureuse Pologne, qui venait sous les murs de Vienne, de sauver l'Europe du joug des barbares. Jean-Jacques Rousseau fut celui qui éclaira le plus la question. Doué d'un immense génie, il chercha franchement la route du vrai; ses écrits embrasèrent l'athmosphère, et s'il ne résolut pas entièrement le problême, ce fut du moins celui qui approcha davantage du but.

Quoiqu'il en soit, préparée par les écrits de ces hommes illustres, éclata la révolution française; on crut enfin toucher au port; mais là encore, la doctrine du droit était séparée de celle du devoir. On fit naufrage.

Je ne m'arrêterai point sur ce drame magnifique et sanglant, mes juges en connaissent mieux que moi tous les détails. Je ne citerai qu'un fait digne d'une méditation impartiale et sérieuse, tous préjugés mis à l'écart : le *deux septembre!* jour terrible! épouvantable! que plusieurs proclamèrent nécessaire; qui peut-être sauva la France! et au milieu duquel on remarqua dans presque tous ces exécuteurs exaltés d'honorables sentimens. Pourquoi faut-il donc, grands dieux! qu'une grande et généreuse nation ait pu se trouver réduite à de telles extrémités!

J'arrive à notre époque, en réalité est-elle meilleure? N'avons-nous pas vu l'héroïque Pologne, comme jadis l'Irlande catholique, trois fois égorgée sous les yeux et au profit des peuples chrétiens et civilisés, qui trois fois se partagèrent ses lambaux! Sous le couteau du sacrifice, je la vois encore qui crie et se débat en vain : les nations, ses sœurs, feignent de ne point l'entendre. Le colosse du nord la dévorera-t-il toute vivante?... Dieu veuille qu'il ne puisse digérer le cadavre!

Ne voyons-nous pas, depuis un demi siècle, la guerre étrangère et la guerre civile dévorer avec fureur la péninsule Ibérique! Naguère encore..... aujourd'hui peut-être! une jeune fille de dix-huit ans, signe, au milieu des plaisirs et des fêtes, la profanation et l'incendie; la spoliation et le massacre de tout un peuple, coupable seulement d'oser réclamer ses droits; les droits imprescriptibles qu'il tient de la nature elle-même!

Hé bien! qu'a fait la civilisation pour prévenir de si grands désordres? Quel équivalent nous a-t-elle donné? Le servage et la torture physique sont abolis; mais la torture morale! mais le prolétariat! cette plaie hideuse des sociétés modernes, pire que le servage, pire que l'esclavage, étale partout ses souffrances sans fin, et exhale d'une voix sanglante son terrible désespoir!

On les proclame libres... et leurs bras sont meurtris de fers! Parqués et entassés dans des lieux étroits et fétides, la hideuse misère les assassine comme à coups d'épingles! Ils ont l'*habeas corpus*, mais ils manquent de *pain*, et leurs enfans travaillent dix-huit heures par jour, sous le fouet de leurs maîtres! (1)

(1) Dans la plupart des grandes fabriques d'Angleterre. Ces faits sont de notoriété publique.

et à la contrainte, à la monotonie de ces travaux insipides, on ajoute la privation de tout enseignement, véritable castration morale, bien digne du reste.

« On les éloigne avec soin de toute participation « aux affaires publiques; pourquoi cette seconde « injustice? C'est que celui qui ne possède rien ne « peut être citoyen, c'est que l'homme que la loi n'a « pas mis à même d'être heureux, en est l'ennemi, « il eut fallu l'y intéresser, mais on ne l'a pas fait, « et on se croit obligé de l'en écarter comme un être « dangereux et avili. Et, de bonne foi, quand je ver- « rai un de ces malheureux, supplicié pour avoir « violé des lois mensongères et oppressives, je m'é- « crierai avec douleur, c'est le fort qui victime le fai- « ble! Il me semblera voir l'américain périr pour « avoir violé la loi de l'espagnol! » (Napoléon : discours couronné en 1791 par l'Académie de Lyon.)

Tel fut, au début de sa carrière, l'opinion de cet homme extraordinaire, qui lui-même, entraîné par le torrent, en a bientôt dévié, et commença lâchement à apostasier ses principes, au moment même ou il pouvait en assurer le triomphe! tant il est vrai, qu'il y a péril, lorsque la loi laisse la moindre prise à la cupidité, ou à l'ambition.

Nations policées, osez donc encore venir nous vanter votre supériorité factice! Ne voyons-nous pas l'astuce et la corruption gangrener jusqu'aux derniers échelons de votre société perfide; d'autant

vous progressez en lumières, d'autant vous foulez aux pieds la morale-pratique; pourquoi reprocher aux sauvages leur barbarie? Comme eux vous savez manier le fer homicide, et savez mieux en cacher la pointe; vous êtes plus habiles, mais vous n'êtes pas meilleurs; vous voyez toute la difformité du vice et vous vous y replongez sans cesse; mais si vous n'êtes vertueux, vous voulez du moins le paraître, et votre hypocrisie elle-même rend un éclatant hommage au principe!... Et vraiment en déroulant les fastes de vos crimes, qui ne serait tenté de s'écrier avec désespoir : « Voilà donc le fruit de tes fatales lu-
« mières, ô civilisation, fille de la barbarie, plus
« barbare encore que ta mère! »

Que conclure de tous ces faits que je viens d'analyser, trop longuement sans doute? Pourquoi tant de désastres? Est-il donc dans la nature de l'homme de souffrir éternellement? N'est-il aucune voie pour sortir de ce funeste sentier?

Je vais achever de résoudre ces questions, et ce sera le sujet de ma seconde partie.

DEUXIÈME PARTIE.

L'équilibre est la loi suprême qui régit toutes choses, et c'est pour l'avoir méconnue que le genre humain souffre depuis tant de siècles. Par quel esprit de routine et de légèreté étrange, après que Newton nous a démontré si clairement que l'harmonie (1)

(1) Je rejette formellement l'opinion de ceux qui disent qu'il y a harmonie existante et préétablie dans le monde matériel; je crois, moi,

était la loi du monde physique, n'avons-nous pas compris qu'il devait y avoir analogie dans le monde moral? Pourquoi aller chercher si loin des remèdes que nous avons sous la main; sans cesse créer et détruire, quand il ne s'agit que de débrouiller et d'organiser?

Pourquoi accuser tour-à-tour l'ignorance et les lumières, au lieu de détruire la première, de généraliser d'équilibrer les secondes? Je l'ai déjà dit plus haut : *Necesse est philosophari, sed non paucis!* Retenons bien cette maxime, c'est un point capital, qui base tout le système social; elle résout à elle seule la question proposée : car du monopole des connaissances, des lumières découle le monopole des richesses et du pouvoir, par suite la tyrannie; témoin ce vers du poète :

« Qui peut tout ce qu'il veut, voudra plus qu'il ne doit. »

Au contraire, quand tous *sauront*, alors il y aura influence contre influence, et personne ne songera plus à exploiter son égal; quand tous auront des lumières véritables, ils comprendront la puissance de l'harmonie sociale, et que ce qui est nécessaire à

qu'il y a seulement TENDANCE; c'est ce que nous appelons la loi d'attraction. L'harmonie dans le monde matériel ne pourra réellement exister qu'avec l'harmonie dans le monde moral; car entre les deux ordres il y a constamment action et réaction. Si mon cadre n'était pas si restreint, je prouverais d'une manière précise et jusqu'à l'évidence la plus parfaite, la rectitude de cette opinion. Harmonie, équilibre, égalité : en examinant le fond des choses, nous verrons que ces trois mots sont synonimes.

tous ne peut être onéreux à aucun. « *Quod omnibus necesse est, idne miserrimum esse uni potest.* » (Cicéron.)

Pourquoi cette crainte du lendemain, torture horrible qui empoisonne toutes les jouissances, consume toutes nos pensées, et nous livre à de si terribles épreuves? C'est elle qui alimente tant de funestes cupidités, qui fait qu'un bon père, dans son amour égoïste, poussant au dernier degré sa fatale et vaine prévoyance, veut, au détriment de tous, amasser pour une longue postérité. C'est elle enfin qui perpétue ce triste alternat de toutes les calamités humaines, cet antagonisme cruel qui dessèche le cœur, et sur les autels de le cupidité, immole tour à tour tous les concurrens, parce qu'aucune loi d'association véritable ne vient nous rassurer contre les sinistres de la vie, et nous rendre, en nous conservant les bienfaits de la civilisation, l'heureuse insouciance de l'état sauvage.

Défenseurs de la civilisation actuelle, peut-être me ferez-vous un crime de ce rapprochement, mais je le maintiens, en donnant au sauvage, gain de cause contre vous. Quoi! ne l'entendez-vous pas, du fond de ses forêts, vous accabler en ces mots de son mépris et de sa haine :

« Détracteurs iniques de l'égalité, qui nous accusez « de cruauté et de subversion, c'est vous qui êtes « des barbares, barbares arriérés de plusieurs « siècles d'égoïsme et de personnalité, puisque vous « ne voulez qu'opprimer et avilir des frères, pour « satisfaire une vaine soif de domination! Eh! que

« parlez-vous encore d'ordre social? si jamais il en a « existé sur la terre, le vôtre n'est plus qu'un fan- « tôme et un odieux mensonge! »

Voilà ce qui constitue cet état de contrainte et de marasme; d'incohérence et de répulsion; cercle vicieux, dans lequel nous tournons sans cesse; ce qui fait qu'au premier coup-d'œil, notre organisation semble reposer sur de si frêles fondemens, et que la société toute entière nous apparait comme un cadavre galvanisé, prêt à s'éteindre au moindre soufle.

Cependant, en examinant les choses de plus près, nous verrons que la base en est inébranlable, et nous admirerons les desseins secrets de la nature, qui tend ainsi à la perfection de notre être; nous verrons que toutes les révolutions n'ont fait que nous rapprocher du but, même celles qui ont semblé le reculer davantage. Il est vrai, pourtant qu'il dépendait de nous d'abréger le voyage, en étudiant avec plus de foi les lois divines de l'harmonie générale.

Nous remarquerons que les sciences étouffées sur un point progressaient sur l'autre; qu'Athènes allait revivre à Rome; que l'école d'Alexandrie remplaçait avantageusement la civilisation occidentale, et que lorsque Byzance rentrait dans la barbarie, l'Europe en sortait pour toujours.

Cessons donc d'accuser l'auteur de la vie; ne nous en prenons qu'à nous-mêmes de nos malheurs passés, et cherchons de bonne foi de meilleures destinées!

Si nous sommes si loin du but, c'est que comme l'insecte privé de raison, nous nous sommes laissés aller à des lueurs trompeuses et meurtrières; c'est qu'étouffant ce sentiment intime qui nous fait compâtir aux douleurs de toutes les créatures, l'homme s'est isolé dans son cœur, fondant *son bien* sur le *mal d'autrui*, et poussant, dans son délire, son orgueil insensé et sa noire jalousie, *jusqu'à ne pouvoir plus jouir des biens qui sont le partage de tous.*

O infortunés humains ! quelle boisson dépravatrice a donc pu altérer ainsi dans vos cœurs le penchant le plus sacré de la nature?... C'est qu'au lieu de chercher la vraie science, nous ne poursuivons qu'un funeste fantôme! l'harmonie que nous délaissons nous punit de l'avoir négligée, en écartant nos pas de la voie morale, pour les tourner vers ces sciences trompeuses et incertaines qui abusent encore si étrangement les peuples policés.

L'équilibre rompu sur un point, le fut bientôt sur tous. Richesses, talent, force, droit : rien n'est égal parmi les hommes ; et vraiment à voir le cours des choses, on a peine à croire que rien l'ait jamais été. C'est pourquoi plusieurs ont poussé leur criminelle folie jusqu'à prétendre qu'ils ne sont pas de même *nature*, et que les uns sont faits pour commander, les autres pour obéir, comme si on les voyait naître les uns avec un *bas* sur le *dos*, les autres avec des *bottes aux talons !*

C'est ainsi qu'il y eut des exploiteurs et des exploités; que le fort imposa au faible sa part de travaux ; que l'oisiveté fut mise en honneur ; et qu'on en vint à ce point, de compter ses *quartiers de noblesse, par les siècles de fainéantise*, et d'oser sérieusement venir nous vanter l'infaillibilité des talens et des vertus héréditaires !... Mais Commode succéda à Marc-Aurèle ! Domitien, à Titus ! à Charlemagne, le pusillanime Louis-le-Débonnaire ! Étrange aberration de l'esprit humain, lorsqu'il a une fois commencé à dévier du sentier de la justice et de la raison.

Il y a entre les hommes une immense différence, j'en conviens ; mais si nous considérons quelle peut être la puissance des causes les plus légères, lorsquelles agissent continuellement et sans interruption sur les mêmes objets, pendant une longue suite de siècles, on se convaincra que cette inégalité n'est point dans la nature, et qu'il ne tiendrait qu'aux hommes de la faire à peu près disparaître, à la longue, et de marcher vers la perfection de l'espèce, en ramenant vers un but unitaire le milieu social ; et cela, sans bouleversement, sans contrainte, sans nuire en rien, loin de là, aux races privilégiées ; car, le propre de l'égalité (que l'ignorance et la calomnie ont osé comparer au lit de Procuste), c'est de ne dépouiller personne, mais d'élever les uns au niveau des autres.

Ici, je vois sourire de dédain nos prétendus philosophes ; ils disent que l'homme est né méchant, et qu'il faut le refrener ? Les insensés !.. ils ignorent donc que c'est la contrainte et l'esclavage qui enfantent l'hypocrisie et la corruption ! Ils disent qu'il faut des grands et des petits; des riches et des pauvres; que c'est une des conditions de l'existence de la société, qui croulerait sans cela? Ils ne savent donc pas que la pauvreté comme l'extrême richesse sont presque également éloignées du bonheur et de la vertu!

Esclaves de l'intérêt direct (1), ils font de la barbarie un système et de l'abrutissement un moyen de gouverner; apologistes des ténèbres, panégyristes de l'ignorance, ils veulent qu'on y laisse croupir le peuple, car, osent-ils ajouter, c'est une bête féroce, qu'il ne faut pas apprendre à se démuseler; et ils traitent de brouillons et d'anarchistes quiconque ne partage pas leur odieux délire : car, ils appellent ordre ce qui est désordre; liberté ce qui n'est que servitude; morale et religion, ce qui n'est qu'hypocrisie; force, ce qui est faiblesse; pouvoir, ce qui est tyrannie!... et bâtissant là-dessus leur infâme système, ils ne voient d'appui pour la société que dans les prisons, les bagnes, les gendarmes et les bourreaux! au lieu de le guérir, ils tuent le criminel qu'ils ont fait! Pour remédier aux souffrances du corps et aux douleurs de l'âme, ils ne trouvent rien de mieux que leurs dépôts de mendicité et leurs hôpitaux, qu'on devrait rougir de comparer aux prytanées antiques. C'est ce qui explique cette morne

(1) J'appelle intérêt direct, celui qui se rapporte plus particulièrement à l'actualité, et qui semble, quoique à tort, et sous un certain point de vue indépendant de l'intérêt collectif.

atonie, ces déchiremens et ces bouleversemens continuels, cette difformité morale qui est le cachet de notre époque, et qui se généralise, car les peuples, sont à la longue ce qu'on les fait.

Et ils croient avoir tout réfuté lorsqu'ils viennent nous dire emphatiquement : l'ordre règne; la société se maintient. Oui l'ordre règne, mais comme dans les tombeaux! Oui notre société se maintient encore, mais comme un malade sur son lit d'agonie!

Et c'est parce qu'ils sentent bien leur impuissance, et qu'il faut fixer quelque part le cœur de l'homme, qu'ils ont osé prononcer cette parole impie : le bonheur n'est pas de ce monde! Les hypocrites, ils abandonnent bien volontiers les biens d'en haut pour s'approprier ceux d'en bas! Mais là encore, ils blasphêment, car Dieu n'a pas voulu notre mal sur cette terre, puisqu'il l'a fécondée, et qu'il nous permet de l'embellir! Nier ce principe, ce serait admettre qu'il puisse y avoir solution de continuité dans la création; ce serait nier la divinité!

Encore s'il était un prétexte plausible à tant de barbarie, il faudrait bien tâcher de se résigner; mais non; la terre n'est point une marâtre cruelle et stérile : elle fournit abondamment à tous nos besoins. Quatre heures d'un travail modéré et intelligent, pour chaque homme valide, suffiraient pour l'exploiter et en façonner merveilleusement tous les produits, si le gros des nations n'était composé de tant de parasites; tous gens de loisirs ou travailleurs improductifs, et même pernicieux.

Oui ce sont les hommes eux-mêmes qui prennent à tâche de neutraliser et de détruire tous les bienfaits de la nature, et de faire un enfer d'une si douce patrie. Grâce à leur Machiavélisme barbare, sous le nom de liberté d'industrie, le monopole et l'antagonisme nous torturent. Sous celui plus menteur encore de libre concurrence, c'est bien pire! on ne nous laisse pas même le pain quotidien; tous les produits sont falsifiés par la plus ignoble rapacité; on nous exploite, on nous assassine sans cesse : dans notre travail, dans notre industrie, dans notre sommeil, dans nos alimens, dans l'air même que nous respirons! Puis en définitive, tous les petits concurrens se déciment et se dévorent entre eux, et sur la ruine et la misère commune, le gros capitaliste lui seul élève sa colossale et scandaleuse fortune.

Cependant tout est harmonique dans la nature, et si, outre les maux que je viens de signaler, nous rencontrons de plus mortels fléaux, c'est encore nous qui les y avons introduits; les maladies, les guerres, les famines, les pestes, les révolutions appartiennent essentiellement à l'état civilisé. Faut-il s'en prendre à la nature ou bien au mécanisme social, si tout est disposé de cette manière, si nos têtes et nos cœurs sont tellement bouleversés, qu'on ne puisse plus trouver son bien que dans le mal d'autrui ou dans quelque calamité publique, et si le genre humain au lieu de se perfectionner semble marcher si rapidement vers sa décrépitude; si l'accapareur s'engraisse par la famine, et la détresse de tous; s'il faut au soldat pour faire briller sa valeur, les larmes de la veuve et de l'horphelin, et le sang de ses frères pour empourprer les vains cordons dont est chamarré son orgueil; s'il faut au faste du médecin beaucoup de malades; et de nombreux cadavres pour bâtir le palais du prêtre et alimenter le luxe de sa table. Faut-il s'en prendre à la nature si partout les sociétés sont tellement organisées, que le char de l'état soit livré à la force physique, ou à la fortune, fille du hazard, et que le domaine public soit à la merci de ces frélons bipèdes, qui comme les harpies de la fable, dévorent et gaspillent tout ce qu'ils touchent, et viennent infecter de leur odieux venin la ruche nourricière!

Tel le pilote de Platon se promenant sur le tillac, obligé qu'il est d'abandonner le gouvernail du vaisseau à des conducteurs ignorans et imbéciles, dont tout le talent est d'avoir leur bourse bien garnie.

Peuples civilisés, voulez-vous changer votre misérable existence contre un avenir meilleur? Déposez vos préjugés et vos haines; ne vous isolez plus de vos frères; rejetez loin de vous et avec horreur les doctrines destructives et barbares de ces prétendus sages, qui vous répètent sans cesse : chacun pour soi, chacun chez soi; il faut que chacun fasse son ménage; car il y a longtemps que le genre humain n'existerait plus si sa conservation eut dépendu de leurs lâches et vains raisonnemens.

Il en est quelques uns (1) qui viennent proclamer avec un espèce d'orgueil qu'ils sont égoïstes de leur patriotisme! « Tout pour le pays et par le pays, disent-ils. » Le sang français n'appartient qu'à la France! Ne les croyez pas davantage : car, de l'individualisme national à l'égoïsme le plus étroit, il n'y a qu'un pas!

Combien les prémiers ne sont-ils pas éloignés de ces peuples antiques qui savaient s'oublier toujours devant la patrie! et lui tout sacrifier : leur famille, leurs biens, leur vie! « *Mes fils ne sont plus* disait Chratésicla, mais *Sparte* est sauvée! allons rendre grâces aux dieux!... » Combien tous ne sont-ils pas éloignés de cette vertu parfaite qui confond tous les hommes dans une même communion et un même amour; et qui veut que,

Esclave du devoir, un chrétien sacrifie
Sa famille, à l'état; au monde la patrie!

(1) Entre autres M. Bignon, au commencement de la session de 1831, dans son discours en faveur de la nationalité polonaise. Cet orateur, tout en préconisant ce qu'il appelait des guerres d'intérêt, se prononça formellement contre toute guerre de principe. Qu'elle étrange subtilité? comme s'il pouvait y avoir de guerres où l'intérêt n'eut point de part. Pour moi, je conçois bien des intérêts plus ou moins généraux, plus ou moins DIRECTS, selon qu'ils se rapportent plus ou moins à l'actualité, selon qu'ils tombent plus ou moins sous les sens; mais ce que mon esprit ne concevra jamais, c'est l'action qui n'ait point pour but un intérêt quelconque. Ne pourrait-on pas rappeler à ces hommes d'intérêt purement direct, ces belles paroles prononcées au Parlement d'Angleterre : « Si notre pavillon a éprouvé un échec, disait le ministre « Castelereagt, au sujet du désastre de Quiberon, du moins le sang « anglais n'a pas coulé? Non, répond Shéridan, mais l'honneur de la « Grande-Bretagne y a coulé par tous ses pores. »

Ne fondez pas sur l'oppression de tous l'avantage apparent de quelques uns? En agir ainsi, c'est vouloir faire tenir sur sa pointe la pyramide sociale!

Dans le régime de contrainte où nous nous précipitons follement, personne n'est libre, pas plus celui qui tient la chaîne à la main que celui qui l'a au cou; tous, nous sommes de misérables esclaves, attachés au boulet, mais avec cette différence, que les uns n'y peuvent rien, et que ce qui fait l'inquiétude et le malheur des autres assurerait la félicité commune, si comblant l'abîme qui nous sépare, ils savaient consolider l'échelle sociale en rapprochant les degrès, de sorte qu'au dernier encore se trouvât la liberté, la sécurité, l'aisance; car il n'est point de moralité ni de bonheur possible pour celui qui dénué de tous *biens extérieurs* ne peut se procurer le nécessaire physique, et satisfaire en même temps ses appétits intellectuels.

Et vous, puissans de la terre! si vous vous obstinez à mépriser leurs justes plaintes, ne craignez-vous pas qu'ulcérés de tant de tortures, et poussés à bout par le désespoir!... qu'à leur voix déchirante, les glorieux martyrs de la liberté eux-mêmes, brisant le marbre du tombeau, ne surgissent tout-à-coup de leurs cercueils profanés, et ne viennent, à la fin, faire vibrer à vos oreilles ces paroles menaçantes : Spoliateurs du genre humain! qu'avez-vous fait pour des frères dont vous avez ravi et dévoré l'héritage? Qu'avez-vous fait pour le peuple depuis six mille ans d'autocratie et de privilège? Si nous sommes *esclaves! si le monde est votre ferme!...* hé bien! montrez-nous le bail que Dieu vous a fait!!!

Gardons-nous de placer l'homme entre ses devoirs et l'intérêt direct? Déplorons ces lois funestes qui font qu'un fils ne voit que dans la mort d'un père l'accomplissement de ses désirs, quelquefois même l'unique moyen de son existence. Je citerai à l'appui de ce qui précède, un trait significatif et assez récent, dut-on me taxer de puérilité. Il y a un an environ, un enfant brûle son collége pour aller plutôt en vacances, a-t-il dit devant le juge? Voilà le devoir et l'intérêt en présence, et ce dernier l'emporte. L'enfant eut-il commis ce sinistre, s'il eut vécu dans cet établissement d'une manière conforme à son organisation, s'il s'y fut trouvé heureux?,..

Oui, tout dépend du milieu social, dans lequel nous vivons, et tel, qui est aujourd'hui criminel et flétri, aurait été vertueux et honoré peut-être, s'il se fut trouvé dans une autre condition. Les mêmes sentimens sont dans tous les cœurs, et si nous ne les y retrouvons pas, c'est que l'éducation a pris soin d'étouffer la nature : Napoléon et César, par exemple, n'eussent régné que sur des égaux, s'ils eussent vécu dans des temps meilleurs, si leur ambition eut pû être satisfaite d'une autre manière. Tous deux avaient au cœur l'amour de la liberté aussi énergiquement que celui de l'empire : « Si je n'étais César, je voudrais être Brutus, » disait le dictateur; les rôles changés ce n'aurait point été celui-ci qui fut tombé victime, et l'époux de Porcia, dans son malheur, n'eut jamais prononcé ces paroles déplorables : « *Vertu, tu n'est qu'un mot !* »

Je me résume. L'homme, dès son origine, se laissa entraîner presque fatalement vers les rayons lumineux des sciences et des arts, sans songer à autre chose qu'à satisfaire sa curiosité. L'envie, l'orgueil, la cupidité, fille de l'inquiète prévoyance, l'oisiveté et le luxe qu'enfantèrent les richesses, lui fermèrent tout retour vers la morale pratique. Les mœurs, les habitudes perpétuèrent cet état de choses ; et le mal, que le sauvage d'abord fit machinalement, et par l'exemple, le civilisé le continua, et par l'exemple et par le raisonnement vicié par une longue habitude. En effet, lorsqu'il y a doute et opposition, l'habitude et l'exemple finissent toujours par triompher du sentiment et du devoir, car les fausses lumières, au rebours de la morale, semblent se rapporter au bien-être individuel plutôt qu'à l'intérêt collectif.

Voilà le remède que j'indique :

Harmoniser et développer également chez tous, toutes les facultés, dans les trois ordres : physique, moral et intellectuel ; car c'est là seulement que consiste la *science !* C'est là cette trinité divine que Platon cherchait au ciel ! Imprimer à tous cette attraction morale et industrielle, qui unit les hommes, en liant étroitement par le charme de la société les intérêts et les devoirs ; qui ne laisse aucune prise à l'orgueil ou à la cupidité ; qui détruit même la crainte de la misère par le concours de tous à la production, et confondant tous les peuples dans l'amour du bien public, satisfait cette ardeur de se distinguer, cette soif de la gloire qui fait nos vertus et nos vices, suivant qu'elle est bien ou mal dirigée. Et c'est de cette harmonie parfaite que dépend le bonheur du monde!

Je me représente la science comme une balance; dans chaque plateau, sont d'un côté les connaissances, les lumières, et de l'autre la vertu-morale; que l'un des deux se trouve vide, n'importe lequel, l'équilibre est rompu; subversion! cahos! dans ce cas toutefois, il vaudrait mieux que ce fût la morale qui l'emportât. Jusqu'à présent, le contraire est arrivé. Parties d'un même pôle, mais en sens opposé, les lumières et la morale-pratique ont dû nécessairement s'éloigner toujours d'avantage à mesure de leurs progrès, jusqu'au moment où arrivées aux deux points opposés de l'équateur, et s'apercevant qu'elles font fausse route, l'attraction les réunira tout-à-coup au pôle contraire.

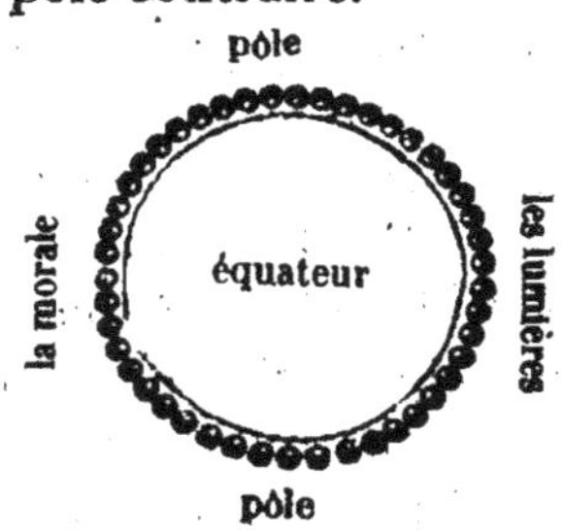

C'est ce mariage divin que j'appelle la science! l'harmonie! l'égalité! et sur les débris du vieux monde, les peuples le célébreront bientôt, car déjà, luit le jour des fiançailles.

Mais ce n'est que par un bon système d'éducation que nous pourrons accomplir et consolider cette harmonieuse et magnifique synthèse sociale, et que le genre humain arrivera à ses destinées! Ainsi donc, messieurs, vous direz au législateur de porter toute son attention sur ce point.

ÉDUCATION.

J'ai toujours cru que si on réformait l'éducation, on réformerait le monde.
(LEIBNITZ.).

Tout sort de l'éducation : le bien, le mal, les croyances, les opinions, les mœurs, les sentimens, les habitudes. Elle constitue la nationalité, et perpétue avec la langue le génie particulier des races diverses. (Lamennais.)

Mais l'éducation ne repose pas seulement sur des mots; elle est le résultat de la société elle-même; c'est la pierre angulaire de l'édifice. Sans l'éducation tout est mensonge et incohérence; l'homme languit, s'étiole et meurt à la peine.

Tous les philosophes de l'antiquité ont senti l'immense influence que l'éducation exerce sur les destinées des individus, et sur celles des nations : et *Moise*, et le divin *Platon*, et l'immortel *Lycurgue*, et le savant *Aristote*, et *Jésus*, notre législateur !!!

Moins anciennement, les Jésuites et l'illustre école de Port-Royal, et le sage Leibnitz, et le philosophe de Genêve, et tant d'autres puissans et sublimes génies!...

Tous ont proclamé la science de l'instituteur, la science primordiale et par excellence! tous ont dit: changez l'éducation et vous changerez la face du monde! tous ont prêché l éducation publique.

Eh! quoi, mieux que cet accord général, au milieu de tant de passions diverses? Quoi, mieux que cette conclusion unanime de tous les peuples et de tous les siècles, pourrait démontrer l'évidence de ce principe?

Ses plus mortels adversaires l'ont constamment reconnu, même dans leurs plus grandes violences, lorsqu'ils brûlaient les bibliothèques et les écoles et proscrivaient les savans. Naguère encore, lorsque l'autocrate de Pétersbourg livrait, par un ukase, à la férule moscovite les fils de la noble et malheureuse Pologne, il y rendait encore dans son crime, un éclatant hommage! de nos jours son triomphe est complet; mais dans l'application viennent les divergences, chacun cherche à faire prévaloir ses idées, et malheureusement, le plus souvent ses intérêts seuls; c'est le point de mire des partis, qui, là-dessus fondent leur avenir!

Chaque jour surgit et meurt quelque système. Chacun clame bien haut qu'il a enfin trouvé le dictame sauveur; de son côté la vieille université embouche la trompette et chante victoire! « Elevé par

« ses soins et son zèle éclairé, des milliers de jeunes « élèves quittent chaque année ses colléges, pour « aller verser sur la société les trésors de la science « et de la morale. »

Voilà ce qu'on ose nous répéter depuis des siècles!

Ma tâche, à moi, est donc d'examiner ces divers systèmes et d'en évaluer le mérite. Je me bornerai à parler succinctement des principaux; *ex paucis disce omnes.* Ce sont : 1° l'éducation publique; 2° l'éducation *fédéraliste;* 3° l'éducation universitaire; 4° l'éducation de famille.

Qu'est-ce, d'abord, que l'éducation publique? C'est, dit Rabaut de Saint-Etienne, « le moyen de « communiquer à un peuple, quelque disséminé « qu'il soit, des impressions uniformes et commu« nes. L'éducation publique fait qu'au même jour, « au même instant, tous les citoyens reçoivent les « mêmes impressions par toutes leurs facultés, et « enfin par cet enthousiasme qu'on pourrait appeler « la magie de la raison! l'éducation publique forme « le cœur, donne des vertus; elle demande un grand « espace; habite la campagne; veut des cirques, des « gymnases; elle aime le spectacle doux et imposant « de la société humaine réunie. Elle commence à la « naissance et ne finit qu'au tombeau; elle est diri« gée par l'état au profit de tous. L'instruction intel« lectuelle vient encore la développer et la complé« ter; toutes deux sont sœurs, mais la première est « l'aînée. »

Telle était l'éducation des Crétois, des anciens Perses et des Lacédémoniens; on la vit depuis revivre à Genêve, et dans quelques cantons suisses.

A la fin du siècle dernier encore, il existait à Berne une école dont l'organisation était bien différente des nôtres, où tout tend à déconsidérer l'enfant à ses propres yeux; où rien ne le prépare au rôle qu'il doit jouer dans le monde. L'état extérieur (c'est ainsi qu'on nommait l'école de Berne), était la copie exacte du gouvernement de la république : un Sénat, des avoyers, des officiers, des huissiers, des causes, des orateurs, des jugemens, des solennités, un budjet. On initiait ainsi les citoyens dès l'enfance, aux usages et aux lois de la patrie.

Mais pour donner à l'éducation le cachet de la bonne morale, il faut surtout prendre garde au choix des personnes qui doivent enseigner. Vous rechercherez avec soin, dit Platon, *les mieux harmonisés;* que ce soit des sages parmi les sages; que le mercenaire en soit écarté scrupuleusement. J.-J. Rousseau était si fortement pénétré de cette vérité, qu'il y revient sans cesse et avec insistance. Là, il veut qu'on prenne l'instituteur dans les premiers ordres de l'état, et que nul ne puisse arriver aux magistratures suprêmes, qu'au préalable, il n'ait exercé ces augustes fonctions. C'est, s'écrie-t-il ailleurs, le *sancta sanctorum*, où doivent trouver une honorable retraite les citoyens qui auront rempli avec le plus d'éclat les emplois publics!

Voilà, messieurs, ce que pensaient ces grands

hommes de l'éducation nationale, qu'on a longtemps confondue à tort avec l'éducation fédéraliste. Celle-ci emploie les mêmes moyens à peu près; comme l'éducation publique, dont elle a su jusqu'à ce jour habilement usurper le nom, elle a pour effet de conduire invinciblement les hommes au point où elle veut les amener, mais dans un intérêt de caste ou de corps, et c'est en quoi elle en diffère essentiellement. Tel était le système des Hébreux, des prêtres d'Egypte, et parmi nous celui des Jésuites. Ce dernier système nettement formulé par *Aquaviva*, quoique admirable à beaucoup d'égards, était vicieux et barbare dans sa base, puisqu'il consacrait l'exploitation et le privilége, comprimait les attractions, refrénait les passions, et que cet esprit étroit de fédéralisme qui tue à la longue les meilleures institutions, avait présidé à la rédaction du *ratio studiorum*, œuvre d'ailleurs d'un profond génie! Toutefois l'éducation fédéraliste a fait des prodiges en faveur de l'ignorance (1) et de la tyrannie; mais l'éducation publique en a opéré de plus grands encore en faveur de la liberté et pour la félicité commune.

Que serait-ce donc aujourd'hui que la science en nous livrant les forces brutes de la nature a applani

(1) Si l'on venait m'objecter du grand savoir et de la réputation de beaucoup d'écrivains et de philosophes de cette école : les Vanière, les Sicard, les Brothier, les Nicolaï, les Bossuet, les Bourdaloue, les Fénélon, les Maldonat; je répondrais que c'est précisément parce qu'ils avaient le MONOPOLE DES LUMIÈRES, que les MASSES croupissaient dans la plus stupide ignorance, livrées à la merci de leurs habiles et criminels oppresseurs.

les obstacles que les anciens eurent le plus de peine à vaincre, si nous savions comprendre et compléter leurs admirables institutions, si des préjugés honteux ne nous éloignaient encore de l'étude de la phrénologie, (1) cette confession de la nature! ce miroir de l'âme!

Mais, hélas! lorsque je compare à ce que nous voyons parmi nous, l'éducation antique, ma pensée se débilite et s'allangourit. Qu'espérer d'un système qui fait que (pour ne parler que d'une seule ville), 14,000 mercenaires viennent, chaque année, porter dans l'enseignement leurs dégoûts, leur misère et leurs vices!

Qui fait que le sacerdoce de l'éducation devient le métier de celui qui n'en a pas, et que plusieurs vont dans l'école se cacher aux regards de la justice.

Qu'espérer de bien, lorsque nous voyons, avec la ruine, la misère et la banqueroute, à l'ordre du jour parmi les industriels scholastiques cette concurrence effrénée, ce charlatanisme éhonté, ce courtage impudent de nos modernes Simons, qui ne voient dans l'éducation qu'un moyen de s'enrichir, et la ravalent ainsi à toutes les sales spéculations d'un vil négoce; lorsque nous voyons figurer sur les cadres universitaires ces hommes impurs qui font le métier ignoble de trafiquer des enfans confiés à leurs soins, comme de vils troupeaux : les Durdès,

(1) La science sociale la supplée.

les Lansac (1), que déjà le bagne dévore, et tant d'autres plus huppés qu'il réclame en vain.

Je continue à parler de l'Université, dont le système n'a rien de commun avec ceux que je viens d'analyser bien qu'on ose encore le *décorer* du nom d'éducation publique; de cette routinière et caduque Université, bégayant tout à la fois les mots de liberté et de monopole! De la protéitique Université, avec ses écoles, ses pensions, ses institutions, ses colléges communaux, ses écoles royales, ses colléges royaux, ses faveurs, ses priviléges, ses mille et une catégories de mercenaires, instituteurs improvisés, qui presque tous font de l'éducation *métier et marchandise !* Esclaves et parias, à différens degrés dans toute la hiérarchie, tantôt opprimés, tantôt oppresseurs, le plus souvent l'un et l'autre, et presque toujours sans vocation; mais poussés par les circonstances, par la nécessité : *fames suprema lex* !

(1) A Dieu ne plaise que je veuille ajouter contre eux à la sévérité de la loi. Je les plains, au contraire plus que je ne les blâme. Un faux a été commis; condamnation est intervenue! respect pour la chose jugée; mais je ne puis m'empêcher de faire cette réflexion : avant de condamner, le juge a-t-il bien médité ce verdict infâmant? Cet instinct de conservation et de liberté que la nature a gravé au cœur de tous les hommes ne militait-il pas en faveur des accusés? Leur crime ne serait-il point le résultat de nos lois de monopole et de contrainte? Pourquoi dans nos codes la moindre issue à la corruption? Pourquoi ce duel intérieur de la vertu et de l'intérêt privé? Ne serait-il pas dans notre milieu social une force majeure contre laquelle doit se briser le glaive de nos lois? Ces lois elles-mêmes ne ressembleraient-elles point quelque peu à ces faibles toiles d'araignée dont parle J.-J. Rousseau. (Voir pour ce que je dis au sujet Bacon, page 25.)

Tels, par exemple, les professeurs de pensionnats ou sous-maîtres.

Une réunion d'élémens aussi hétérogènes, de systèmes, de volontés si diverses, peut-elle constituer l'éducation publique, et lui imprimer ce caractère sacré dons nous venons de parler ?

Encore une fois non ! mille fois non !

Et cette liberté prétendue d'enseignement qu'on nous fait sonner si haut ; ce conflit perpétuel d'autorités et de droits de toute sorte ; et ce dédale de lois, ordonnances, décrets, réglemens, tombés en désuétude, inconnus aux administrateurs eux-mêmes, et cependant exhumés de temps à autres, souvent dans des vues intéressées et anti-sociales.

Et cet éternel jargon pédagogique ; ce fatras de vains préceptes qui ne servent qu'à obstruer l'intelligence ; ils veulent faire des enfans *petits hommes*, et ils n'en font tout au plus que d'amusans perroquets, qui deviendront étant hommes de *grands enfans*. Pédagogues encroûtés, bornez-vous donc plutôt à inspirer à vos élèves le goût du *beau* et du *vrai;* Ouvrez-leur la carrière, le génie saura bien la parcourir ! Mais n'est-ce pas ici le lieu de parler d'une innovation d'*hier*, exhaltée par quelques esprits superficiels, ou certains saltimbanques du métier pour ramener vers leurs trétaux déserts l'attention de la foule. Inutile de dire que le journalisme n'a pas manqué de leur faire écho, moyennant tant par ligne !

Des caisses d'épargne à l'usage de l'enfance ! des

caisses d'épargne où chaque élève vient déposer l'obole qui devait servir à ses innocens plaisirs, la juste récompense de son travail et de sa bonne conduite?

Instituteurs crétins, éducateurs dont le jugement est cent fois faussé! cessez de vous torturer l'esprit pour de si minces succès! Hé! qu'espérez-vous de ces ridicules jongleries! Mais puisque c'est un honneur de déposer à la caisse d'épargne, chacun ambitionnera la pompe du suffrage public, et voudra l'obtenir, à quelque prix que ce soit, peut-être!.. Des caisses d'épargne dans les écoles! que n'en instituez-vous aussi dans les salles d'asyle? Hé! vous voulez donc, à ces enfans, leur faire sucer avec le lait l'esprit de ladrerie et de vol, car il faut bien vous le dire, voilà le terme fatal! peut-être reculerez-vous de honte, lorsque vous viendrez à l'apercevoir!

Et si nous ajoutons à ce bizarre tableau, ce scepticisme honteux, ces hypocrites momeries, cette liberté des cultes (1) espèce de polithéisme batard,

(1) Je ne veux pas prêcher ici la contrainte religieuse, j'adopte bien volontiers, au contraire, la doctrine du libre examen; mais je ne voudrai pas que l'instituteur, soit un caméléon théocratique, qui brûlant le soir l'idole encensé le matin, traine sa morale à la remorque de tous les caprices. Quand les croyances sont formées, qu'on se garde d'employer contre elles d'autre logique que celle des faits, d'autres armes que celles du raisonnement. Mais où est le motif de renoncer à une direction légitime? Pourquoi prêter son concours à ce qu'on juge dangereux? Pourquoi, fidèle à la loi de la vérité et de l'unité, je la voudrais partout : dans les croyances religieuses, comme dans les croyances morales, comme dans les croyances politiques! Je voudrais qu'il y eut

l'expression dernière et la déduction logique de fatal système !

Dans tout cela, retrouverons-nous l'ombre de ces institutions antiques qui semblaient jeter et former tous les hommes comme dans un même moule. Nos malheureux jeunes gens ne rapportent le plus souvent de nos colléges que vide du cœur et travers de l'esprit ; et si parfois, ils brillent dans le monde, ce n'est que comme ces plantes fétides et vénéneuses, nées au milieu de la pourriture, qui répandent au loin des exhalaisons odorantes ; mais bientôt se fanent et meurent ; ou dessèchent et tuent tout ce qui les approche.

Maintenant il me reste à parler d'un autre système, qui, dans ces derniers temps, a trouvé quelques apôtres assez hardis, mais non pas d'une foi robuste et éclairée ; je veux dire l'éducation domes-

constamment entre elles l'accord le plus heureux et la sanction la plus parfaite ; mais que la morale et le gouvernement ne fussent point faits pour la religion ; que ce fût au contraire celle-ci qui fut faite pour ceux-là. Je ne puis mieux préciser ma pensée que par ces mots : la religion est la poésie de la morale ! Je n'hésite pas à le dire : une religion simple qui règne seule, harmoniquement et sans conflit entre elle et l'état, vaut mieux qu'un autre plus magnifique, lorsque celle-ci provoque la guerre et l'antagonisme ! et je proclamerai toujours comme saint le culte qui loin de s'appuyer sur le sacrifice, né de l'exploitation et père du fanatisme, confondra sans cesse le bien être individuel dans l'intérêt public, et mènera les hommes progressivement à la communauté des droits et des devoirs. Je reviens à la doctrine du sacrifice que quelques uns prêchent et apothéosent ; pour moi, je n'y puis voir qu'une dangereuse négation de la loi naturelle, et de la justice ; si c'est une vertu, ce sera la vertu de l'esclavage et le palladium de la tyrannie !

tique. Le penchant de la nature qui nous fait pour ainsi dire un besoin de la vue de nos enfans; une certaine influence du commerce paternel dans l'ordre moral; l'état de dégradation où sont tombés la plupart des établissemens universitaires, explique et justifie à beaucoup d'égards cette opinion, et partant de ce terme de comparaison, la balance penche fortement du côté de l'éducation de famille.

Là du moins, les enfans ne seront point livrés corps et âme à des mercenaires d'une moralité souvent plus que douteuse; ils ne seront point continuellement parqués dans des lieux étroits et fétides. Le dégoût, l'ennui, la contagion de l'exemple ne leur fera point contracter ces funestes habitudes, qui, comme un cancer immonde, rongent au cœur, et oblitèrent toutes les facultés.

De ce système toutefois résultent de très graves inconvéniens, et son moindre défaut n'est pas de ne pouvoir trouver d'application qu'à l'égard d'un très petit nombre de privilégiés. Car comment supposer autant d'instituteurs que d'élèves? Où trouver un Jean-Jacques pour chaque Émile? Et tout cela admis; que le précepteur ait toutes les qualités requises, je maintiens que l'éducation sera vicieuse.

Aucuns soins, aucuns préceptes, ne pourront jamais racheter les inconvéniens de la vie individuelle, et implanter au cœur de l'enfant cet amour fraternel, ce dévouement sublime qui constitue le socialisme, et qui ne peut naître que par la communication des plaisirs et des peines; par une suite longue et continue d'impressions semblables.

Panégyristes de l'éducation privée, fussiez-vous des Rollin ou des Fénélon, je vous défie avec vos vaines doctrines de mener la chose à bien; et il est au moins très douteux que le citoyen de Genêve lui-même eût fait de son Émile un bon citoyen, car la bonne éducation doit reposer sur des exemples, sur des faits; si quelquefois vous y ajoutez des préceptes, qu'ils soient courts, et lancés comme un trait!

Oui, c'est par la pratique que l'instituteur fait germer ses enseignemens. C'était à côté des Léonidas, des Alexandre, des Fabius, des César qu'on apprenait l'héroïsme! Dans la compagnie de Régule et de Caton, on se formait à la liberté, à l'amour des lois, au dévouement; la table de Curius-Dentatus était la meilleure école de tempérance; avec Brutus et Manlius, on s'exhaltait pour la patrie; Jésus forma des saints, parce qu'il fut saint lui-même, et le plus grand de tous, et qu'il n'enseigna rien qu'il n'eût auparavant pratiqué.

Pense-t-on que durant plus de cinq siècles, les lois de Lycurgue eussent été si religieusement observées, si ce sage législateur eut affiché le luxe et la débauche d'un satrape? Pense-t-on que les paroles de Caton n'eussent rien perdu de leur poids dans la bouche d'un Sylla, et que la discipline de Manlie eût été maintenue par un Vitellius?

Pardon, messieurs, si j'abuse de vos momens, mais je sens que je demeurerai bien incomplet dans un sujet de cette importance, et je m'en remets à vos hautes lumières, pour suppléer à ce que j'aurais omis.

Je prévois une objection que ne manqueront pas de me faire les partisans de la liberté de l'enseignement. Si vous faites une contrainte de l'éducation publique, diront-ils, comment sommes-nous libres? Que devient l'autorité sacrée du père de famille? La gravité et la rectitude de cette objection est, on l'avouera, plus spécieuse que réelle. Eh quoi! toute la société n'est-elle pas basée, ne marche-t-elle par sur une fiction! Quoi vous ne la voyez pas crouler si vous osez attaquer son principe salutaire, cette sainte fiction que, je le répète, on nomme la loi!

Eh quoi! les nationalités eussent-elles jamais pu se former, si chacun n'eut aliéné sa personne, ses biens, sa vie elle-même!

La véritable liberté, la véritable autorité paternelle, comme toute autre autorité légitime, (1) sont aussi éloignées de l'individualisme que de l'ilotisme et de la tyrannie; toutes deux veulent l'intérêt et le concours de tous; elles éclatent et se renforcent dans les grandes réunions; elles font abnégation de tout intérêt purement privé; elles renoncent en apparence à une partie de leurs droits, pour les mieux

(1) Qu'on ne croie pas que je veuille préjuger ici cette grande question de la tutelle absolue du père. Je me réserve de traiter plus tard cette matière, et de démontrer la nécessité d'affranchir tout à la fois et l'enfant et la mère; mais cette importante reforme ne peut avoir lieu que dans un autre ordre social.

assurer et les étendre en effet, en les plaçant sous la suprême direction de la volonté générale ; en un mot, elles sèment pour récolter : il n'est point pour elles d'autre sacrifice à faire.

Il suffit donc que cette volonté parle pour que le famillisme lui-même doive se taire ; et il ne vous est pas plus permis de dérober l'éducation de vos enfans à la société, que d'y soustraire vos personnes, que d'enfreindre ses lois ; que de contrevenir à ses intérêts en quoi que ce soit. A Genève on lisait sur les fers des forçats ce mot : *libertas !* Les sophistes ont vu dans cette inscription un paradoxe barbare, une cruelle ironie ! Mais, messieurs, je n'y vois que la consécration d'un grand principe, puisque en effet, la liberté n'a jamais plus de force que lorsque les méchans sont dans les fers !

En vain objectera-t-on encore que dans les grandes réunions les enfans ne mettent en commun que leurs défauts et leurs vices ; et faisant un tableau hideux du régime universitaire, en viendra-t-on à cette conclusion peu judicieuse : « Il n'est qu'un remède, c'est d'élever les enfans isolément, de les prendre corps à corps. » Ceci équivaudrait à dire : Pierre est attaqué de la contagion, gardons-nous de toucher à Paul.

L'Université, je le crois, mérite les reproches dont elle est l'objet, de plus énergiques peut-être ! Mais nous répudions toute parité avec elle, toute analogie entre ses doctrines et les nôtres ; et je dis avec plus de raison, j'espère : les enfans, les hommes en général dans les grandes réunions mettent en commun leur activité; le bien ou le mal est le résultat de la direction qu'on sait leur imprimer.

En ce qui concerne les progrès intellectuels, il est superflu, je crois, de démontrer la supériorité de l'éducation publique sur toute autre. Plus il y a d'élèves, plus on forme de séries, (1) plus les intelligences se rapprochent, plus il y a d'émulation, si surtout on a soin de ne faire que de courtes séances et d'employer de bonnes méthodes. (2)

Ce système a un autre avantage, c'est de ne pas fatiguer les professeurs, de leur laisser beaucoup de loisirs qu'ils sauront dignement employer. Je crois bien fermement que le jeu d'un bon mécanisme sériaire donnerait dans l'intérêt de la science des résultats incalculables.

Je sais que beaucoup d'hommes très distingués ont été opposés à ces doctrines, mais, sans doute,

(1) A force de méditer sur cette grave matière, j'en suis venu à penser qu'il serait très avantageux que dans notre grande capitale par exemple, il n'y eût qu'un seul collége. Eu égard à la multitude des élèves qui y seraient reçus, on formerait de trente à quarante divisions ou classes. Par ce double hommage aux lois de l'UNITÉ et de la SÉRIE, plus d'esprit de CASTE ni d'ANTAGONISME ; plus de paroles tombant dans le vide, et j'en suis convaincu, la morale et la science y gagneraient également.

(2) Voici la nôtre : analyse, synthèse, succession et association des mots et des idées, analogie. L'analyse et la synthèse éveillent l'attention et forment le raisonnement ; la succession, l'association, l'analogie en sont le corollaire; que la pratique, qui toujours doit précéder la théorie, ou lui donner la main, vienne encore concourir à la précision et à la clarté de l'enseignement.

ils avaient en vue les circonstances où ils se trouvaient; ils agissaient en haine d'un pouvoir illégitime, et préférèrent une anarchie momentanée à une servitude *durable*. C'est tout ce qu'à voulu prouver Jean-Jacques, en écrivant son Émile, c'est ce que d'autres ont envisagé en demandant la concurrence industrielle appliquée à l'enseignement. Obligés de céder à l'actualité, ils n'ont fait de tout ceci qu'une question de *co-existence*: je ne les blâme point, mais nous, messieurs, qui disposons pour l'avenir, nous ne devons nous attacher qu'aux principes.

En conclusion, des quatre systèmes que je viens d'analyser, les trois derniers sont radicalement mauvais; mais le plus dangereux, le plus dissolvant de tous, c'est celui de l'Université; quant au premier, pour devenir parfait, il n'a besoin que de quelques modifications que j'indiquerai bientôt.

Ainsi, revenant toujours à la question, vous le voyez, messieurs, si les progrès des connaissances et de la morale diffèrent, c'est que spécialement livrés à l'instruction intellectuelle, les peuples modernes surtout ont complètement négligé l'éducation publique; c'est que cette instruction elle-même n'a jamais été également le partage de tous; qu'enfin, ils ne se sont jamais trouvés sous ce rapport dans de véritables conditions d'égalité. N'allons point ailleurs en chercher la cause.

Pour nous, hommes de réforme, recherchons tout ce qui peut constituer l'éducation sociale; qu'elle soit noble, aimable, enchanteresse! Souvent la fatigue et l'ennui rendent stérile la parole du maître; qu'il sache donc à propos suspendre ses leçons; en un mot que ce ne soit pas un pédagogue, mais un *magister ludi!*..... un maître de jeux! Ce mot à lui seul est tout un système; c'est par là surtout qu'ont primé ces peuples antiques, qui préféraient commander à ceux qui avaient de l'or que d'en posséder eux-mêmes. Mais je suis intimement convaincu que pour celà, il faut que l'éducation soit commune, égalitaire, harmonienne, sériaire, attractionnelle, industrielle et agricole. Ces deux derniers modes peuvent encore être considérés sous un point de vue de gymnastique, et offrent trois grands avantages :

1° Développement des facultés physiques; 2° production; 3° habitudes d'égalité et de fraternité.

Ils ont encore pour avantage de favoriser le progrès des études intellectuelles par l'alternat de la théorie et de la pratique, et de les rendre attrayantes par la variété des travaux. Rappelons à cette occasion cette pensée d'un grand philosophe :

« Quand l'industrie, quand l'agriculture sont mé-
« prisées, l'état est en décadence, les lois n'ont plus
« de force; de la bonne éducation découle naturel-
« ment la morale-pratique : tout est perdu quand on
« commence à étudier la vertu! »

Eh! qui en effet, ne serait épouvanté des funestes conséquences de l'éducation privée et purement théorique, malgré les discours d'apparat, les brillans et luxueux prospectus de nos vendeurs de fumée !

Après dix années d'études tronquées, abstraites, incohérentes et le plus souvent inapplicables, boursouflés de grec et de latin, remplis de projets grandioses et d'espérances exagérées, nous sortons du collége, nous entrons dans le monde.

Mais quel affreux réveil, lorsque ces rêves aériens se dissipent pour faire place à la triste réalité?...

Non, ne nous lassons point de le répéter, plus d'individualisme! Sous quelque forme qu'il se présente, plus d'individualisme! de cet odieux et dangereux Protée, de cet hydre aux cent têtes, fléau de notre époque, vrai génie du mal.

« *Monstrum horrendum, informe, ingens, cui*
« *lumen ademptum !* »

Qui de nous en voyant les ravages qu'il a faits, les ruines qu'il a entassées, n'est tenté de s'écrier avec le fils de Caton :

« Qu'on me donne une épée pour tuer ce monstre ! »

Industrie, agriculture, voilà le besoin suprême de notre époque, le besoin de tous les pays et de tous les temps. Sans cela rien ; rien qu'illusions dangereuses ! que poignante ironie ! Éducation publique ! Là, tout se lie, s'enchaîne, tout se range de lui-même sous le niveau d'une discipline commune et parfaite, quoique véritablement paternelle.

Le développement des facultés physiques, morales et intellectuelles s'y opère progressivement, sans fatigue et sans secousse. Ce ne sont pas des connaissances superficielles qu'on y acquiert, son but n'est pas de façonner des demi-savans, race vaine, haineuse et le reste; ce ne sont pas des avocats, des médecins (1), des marchands, des diplomates, des traitans, etc., qu'on y prépare, mais des citoyens, mais des hommes!

Habitués dès l'enfance à ce travail modéré et intelligent qui rafraîchit le corps et l'esprit, et par

(1) Je déplore bien sincèrement l'erreur si commune, qui, au détriment de la science sociale, exalte outre mesure, et la MÉDECINE, et le DROIT, et la vaine LITTÉRATURE : point de mirage plus perfide que je sache!

La médecine d'abord? — Sans déprécier ni les hommes, ni le peu qu'il y a de bon dans cette science, voyons, répond-elle bien à son titre pompeux? Quelle si grande amélioration a-t-elle apportée à la nature humaine? Vanité et misère! Elle ne fait que badigeonner sur des ruines, elle couvre de gazon le précipice : voilà tout, car le vrais est ailleurs, et elle est impuissante à le saisir. Eh! que d'incurables maladies la tempérance n'aurait-elle pas épargnées aux hommes, si une foi trompeuse ne leur eut fait prendre pour le vrai remède ce qui n'était qu'un faible palliatif. Je comparerai le médecin à un tailleur qui met du drap neuf sur un vieil habit, et pour boucher un petit trou en fait un plus grand. Au contraire, faites une bonne montre, prenez-en soin; vous n'aurez pas besoin de la récabiller. Ceci est du domaine de l'hygiène (fille de la science sociale), qu'il ne faut pas confondre avec la médecine.

Quant au métier d'avocat, qui songerait à le défendre, lorsque tant de voix se sont élevées contre l'abrutissante procédure, lorsque de l'antre de la chicane nous voyons s'exhaler sans cesse un parfum de corruption, qui soulèverait le cœur le mieux trempé.

A l'égard des phraseurs de toutes classes et de toutes couleurs qui se décorent eux-mêmes du titre de gens de lettres, il n'est pas la peine de s'occuper d'eux. Point de bonne littérature qui ne puisse être envisagée sous le point de vue social, et pénétrer dans les régions populaires.

céla même à l'abri du besoin physique, tout en conservant cette urbanité aimable qui caractérise les sociétés modernes, et plus particulièrement notre nation, et caractère intelligent et éclairé, véritable apanage de l'être pensant, ils n'en sentiront que mieux leur dignité, leur force ; ils auront la conscience de leurs droits et de leurs devoirs ; ils seront justes, bons et humains, car le faible seul est méchant, et l'énergie, c'est la vie de l'âme, comme le principal ressort de la raison !

Tels sont, Messieurs, les moyens que je crois efficaces pour remédier aux maux que vous signalez ; mais là encore j'entends des murmures ironiques ; le mal, dit-on, a fait trop de progrès, *le malade ne pourrait supporter l'opération*, car trop de siècles nous séparent de la voie sociale.

Philosophes à courte vue, vous ne voyez donc pas que tout ceci se réduit à une question *d'existence* et de *co-existence*, (méditez bien sur ces deux mots), et que pour la génération qui n'est pas, votre civilisation n'est rien ! Il ne s'agirait que de bâtir le *prytanée sauveur*, de tirer autour un cordon sanitaire, barrière impénétrable aux mauvaises doctrines, d'inculquer à nos enfans de meilleures habitudes. [illegible]rs, qu'une génération passe, et la face du monde sera changée !..... Et pour cela que faut-il donc ? — De bonnes lois et de vrais instituteurs ! par la loi réformer les mœurs ; par les mœurs cimenter et perfectionner la loi : voilà le problême.

O vous, malheureux prolétaires, victimes infortunées d'une civilisation barbare! O vous qui vous égarez sur les pas de Buchez et Roux, de Fourier et de Saint-Simon! écoutez la voix d'un frère, dont le cœur navré des souffrances communes se demande sans cesse : quand finiront tant de maux? Rentrez dans le giron de l'église égalitaire, *hors laquelle il n'y a point de salut!* Venez à nous, vous tous qui souffrez! nous formerons un faisceau d'amis et de frères pour résister à la violence de la tempête! Venez! et nous bâtirons ensemble la cité sainte! Venez à nous, car nous avons inscrit sur notre bannière ces mots d'amour et de dévouement : *Fraternité! bonheur commun!*

Mais quelle sera la direction intellectuelle du Prytanée? Les sciences et les arts y seront-ils en honneur? Pourquoi non, répondrai-je? Mais voici venir une nouvelle objection. Quelques-uns, interprètes superficiels de J.-J. Rousseau, on dit dans leur découragement : il n'y a qu'un remède; étouffons les sciences et les arts, et retournons à la nature : jamais la morale et les lumières n'iront ensemble. Leur erreur vient de ce qu'ils confondent la chose, qui en elle-même est un bien, avec le monope et le luxe qui en sont l'abus. La morale et les lumières sont comme ces divers corps, qui placés dans telle position se repoussent avec tant de force, et finissent par se combiner parfaitement, à mesure que les molécules attractionnelles se rencontrent. Je répliquerai encore : retourner en arrière, vous le tenteriez en vain, car nous avons brûlé nos vaisseaux ; nous sommes condamnés à vaincre! et puis d'ailleurs il faudrait recommencer l'affreux trajet, et nous savons que la route est longue et ardue. Rétrograder au terme du voyage, si ce n'était une impossibilité, ne serait-ce pas une impardonnable folie et une lâcheté?

Je comparerai la science à une coupe remplie d'une liqueur divine, mais dont les bords ont été frottés d'une plante vénéneuse; ne rejetez point cette liqueur comme un breuvage empoisonné, videz la coupe toute entière, et non seulement le mal qu'elle vous a fait sera guéri, mais encore tous vos autres maux.

Je comparerai encore la science à une de ces belles oasis que renferme le désert de l'Afrique. Que de peines et de dangers pour y arriver; que de cruelles déceptions! et la faim, et la soif ardente, et le simoun, et le mirage! mais ne vous rebutez point, sachez vaincre les obstacles, et comme le soldat français, vous irez recueillir le prix de votre constance aux bosquets délicieux de l'oasis d'Hellé.

Celui qui cherche la science, je le comparerai à Christophe Colomb. Toutes les horreurs de la navigation se sont fait sentir; l'équipage se révolte hautement; mille glaives brillent sur sa poitrine; il va périr!... Mais soudain la voix du pilote se fait entendre : *terre! terre!* et l'immortel génois a donné à l'Espagne un nouveau monde à qui la postérité a volé son nom!

Mais je ne saurais trop le redire, il faut avant tout

changer le milieu social; et je ne sache personne qui nous ait mieux frayé la route que Robert-Owen et Philippe Buonaroti (1)

Philippe Buonaroti!..... le génie de Michel-Ange n'a point dégénéré! le petit-fils du grand artiste vient compléter la loi de Jésus! Il a brisé les portes de la vraie science; il nous a ouvert le livre des destins. Sa science à lui est toute sainte, toute magnifique, toute mathématique, il nous initie au plus grand bonheur qu'il soit donné à l'homme de jouir sur cette terre!

Convaincu de la grandeur de sa tâche, il brave les dégoûts, les privations, les tortures, l'échafaud même!

Et nous fermons les yeux à la lumière! nous som-

(1) Le système de Fourier mérite aussi l'attention du socialiste; mais il doit être envisagé d'une manière complexe. Je serais d'avis qu'on le scindât, et qu'adoptant tout ce qui a rapport à la partie économique, on proclama la science sociale organisatrice et parfaitement égalitaire. Mais choisir comme clefs de voûte du phalanstère l'aristocratie et le privilége, c'est étrangement méconnaître le cœur humain et saper l'œuvre dans sa base. En effet, il ne suffit pas d'assurer aux hommes la quiétude du lendemain, il faut encore leur ôter tout motif de division, en se gardant bien de blesser l'amour-propre et d'exciter l'envie par une vaine et souvent injuste suprématie. Mais quel aliment donner à cette ardeur de [illegible]er, qui dégénère presque toujours en ambition? Je ne cesserai de [illegible]dre : Tournez la soif de la gloire à servir les hommes et non à les dominer! Et eussiez-vous l'âme plus ardente que le foyer de l'[illegible], la science sociale trouvera toujours moyen de vous satisfaire.

Un père, une mère, une épouse, des enfans, un frère, qui soit en même temps votre ami, la patrie, la gloire, l'humanité, etc., que d'objets pour remplir le vide d'un cœur!!

mes sourds à sa voix prophétique! O crime! ô honte! ô barbarie! l'ironie et l'imposture ont osé le poursuivre! usé par la pensée, les revers et l'exil; abreuvé d'amertume, il meurt pauvre et méconnu!

Jusques à quand préférerons-nous donc les talens agréables et futiles à la sagesse! et le luxe à la vertu! Une danseuse de l'opéra ou un jockey, casse-cou sont plus recherchés qu'un grand homme! on fait plus de cas d'une mauvaise comédie que d'une bonne loi! et une course du cheval de lord Seymour est mise à plus haut prix que l'Émile, ou le traité de la science égalitaire!!

O Buonaroti, martyr sacré, c'est à toi que je consacre cet écrit; daigne agréer ce faible tribut de mes veilles. La question dont je viens de m'occuper était digne de ton burin; mais sans en posséder la trempe, je me suis dit avec courage : *et moi aussi je suis peintre!*

J'ai fini ma tâche, d'autres auront écrit avec plus de talent sans doute, mais aucun avec plus de conscience et de conviction. Si dans ce que j'ai dit il se trouve une pensée qui ne soit pas trop indigne de mon sujet, je ne regretterai pas d'avoir pris la plume, et vous la féconderez, messieurs, car vous êtes aussi des législateurs!

Imprim. de Herhan et Bimont, rue du Caire, 32.

www.ingramcontent.com/pod-product-compliance
Ingram Content Group UK Ltd.
Pitfield, Milton Keynes, MK11 3LW, UK
UKHW031947260826
14628UKWH00004B/1899

9 782019 707989